U0065090

手繪旅行の美好時光

Hand-painter Travel

王儒潔(賊)／繪

台灣

香港

日本

腳丫文化

》》》作者序

還記得,
小學畢業、國中、高中、大學,到現在的學生畢業,
紀念冊上總有一道提問:我的夢想?!
身高體重、時間年齡、甚至是家裡的地址不停地在改變,
唯一不變的就只有那個選項:環遊世界!!

還記得,
剛上幼稚園的年紀,
爸媽就常拎著畫具及我們姊妹們到處去寫生,
到過哪裡?!畫過什麼?!
說實在,完全沒有在腦中留下些許的印記!

還記得,
媽媽總喜歡準備一疊空白明信片,
讓我在任何時候可以打發時間用,
再偷偷將手繪後的明信片寄出投稿,
有一回得了國語日報小畫家獎,
看到自己的作品在報紙上登出,
讓我高興到真的以為自己是小畫家了!

還記得,
那年暑假悶的發慌,
拿了個水杯、一枝鉛筆、一本用剩的數學簿,
在簿子上描繪了水杯的輪廓後,將水杯整個塗黑,
很得意的自以為我會畫素描了!

長大後，
每次家庭聚會中回憶起這些事，總能讓我感到滿滿的溫暖！
或許正因為這份溫暖，
讓我拿起筆一畫，便從小畫到大，
一路畫到現在工作，還是得在課堂上教畫畫！
一路畫到現在旅行，還是得帶上本子繼續畫！

總覺得，
能夠一邊旅行，一邊手繪旅行中的大小事，是多麼的美好啊！
總覺得，
能夠簡單的畫，隨性的畫出生活中的大小事，是如此的幸福啊！

關於作者：

王儒潔（賊）

- 正職是國中美術老師和部落格格主。
- 「賊‧就是愛旅行」部落格，曾入圍2007全球華文部落格生活品味類決選。
- 相關著作：《帶1枝筆去旅行》/ 朱雀文化。

Contents

輕鬆。台灣

漫步。日本

繽紛。香港

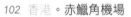

>>> 本書內頁的使用說明

A - 手繪旅誌，用手繪的方式，記錄旅行中的大小事。

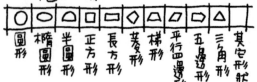

B - 手繪材料，像食譜一樣，手繪也是需要基本圖示。使用材料取至步驟 **1** 簡化時的輪廓。

材料圖形介紹：

圓形	橢圓形	半圓形	正方形	長方形	菱形	梯形	平行四邊形	五邊形	三角形	其它形狀

塗黑表示使用此圖形。

C 手繪步驟

1. 簡化 將物體外觀簡化成幾何圖形。

2. 定位 確定物體的大小及位置。

3. 細節 描繪物體的特徵和細節部份。

4. 上色 依自己的喜好塗上適合的顏色。

D 手繪完成 用以上的各步驟，來完成手繪小圖。

〉〉〉材料。工具

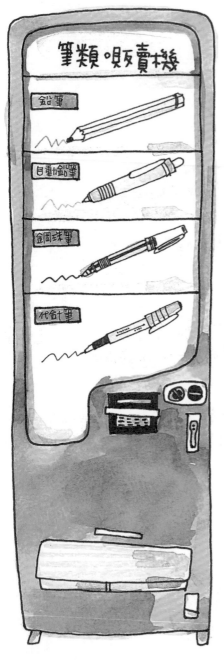

鉛筆

鉛筆是最好掌握的手繪工具，由H到B分為許多不同的色階。H系列的筆芯質地偏硬，顏色較淺；B系列筆芯質地較軟，顏色較深。初學者建議使用軟硬及深淺適中的2B來手繪。

自動鉛筆

自動鉛筆呈現出來的線條筆觸，較鉛筆來的細緻。且輕輕按壓便能更新筆芯，省下削鉛筆的步驟。

鋼珠筆

鋼珠筆除了細緻、滑順好畫好寫、筆芯好替換之外，還有各種顏色可以挑選，適用於任何的紙張。

代針筆

相較於專業用的針筆，代針筆取得容易，價格便宜許多，墨水具防水性，且較快乾，非常適合旅行中使用。

色鉛筆

色鉛筆分為油性和水性兩種。油性色鉛筆容易上手，但吸附性較差，無法層層堆疊；水性色鉛筆吸附性較佳，加水後可呈現出水彩暈染的效果。

蠟筆

相較色鉛筆，蠟筆的質地較鬆有顆粒，所呈現出的線條較粗獷。顏色可以一層層的覆蓋上去，且不透明的特性，所以顯得較厚重。

水彩筆

常見的水彩分成固態和液態兩種。若是旅行中建議使用固態水彩，以水直接沾取上色，方便攜帶，且可省下擠壓顏料的步驟。

便條紙

便條紙取得容易卻也不易收藏，紙質和尺寸差異性很大。適合隨手塗鴉，亦可當作草稿紙使用，不同材質的便條紙黏貼在本子裡，產生不同筆觸，有意想不到的的趣味。

影印紙

一般的影印紙屬於模造紙的一種，常見尺寸是A4大小，耐磨又耐擦，但吸水性不佳，程度上有磅數和品牌間的差異。

專業美術紙

專業美術紙有水彩紙、插畫紙、粉彩紙、丹迪紙、描圖紙…等，種類繁多。可以依照個人的需求、喜好和手感，選擇適當的紙材來手繪。

空白素描本

素描本的紋路較粗，紙質較強韌，禁得起一再擦拭，不易破損和起毛。空白的內頁不受限制，能隨性手繪紀錄。裝訂成冊的素描本，更是方便攜帶，是旅途中首選。

條紋筆記本

筆記本的頁面上有著粗細、橫直不同的線條，方便做文字紀錄，適合喜歡畫面整齊劃一者使用。內頁的條紋較不適合圖案手繪紀錄用。

格紋筆記本

有小格子組成的內頁，可作為文字和圖案的定位點。格紋顏色通常會刷淡，適合喜歡畫面整齊，又不用擔心線條影響手繪者使用，格紋的背景讓手繪呈現出另一種復古的風情。

橡皮擦

橡皮擦可用來擦拭及修改鉛筆和自動鉛筆的線條。質地有軟硬的區別，質地軟的使用時不易擦拭乾淨；質地硬的容易將紙摩擦破損。挑選時可以依個人的手感，找出軟硬適中的。

立可帶

立可帶可以用來修改除了鉛筆以外的各種筆類。可立即修改錯誤之處，但需要注意使用立可帶，會讓作品在掃描後顏色呈現深淺不一的困擾。

美工刀

旅行中收集到的票根、簡介之類的紙張，不需整張黏貼時，可以使用美工刀裁剪所需部分。美工刀也可用來削鉛筆。

相機

相機可以當做手繪前構圖的取景練習。拍下來的照片，也能夠回家後仔細觀察再做描繪，彌補當下沒時間手繪的不足。

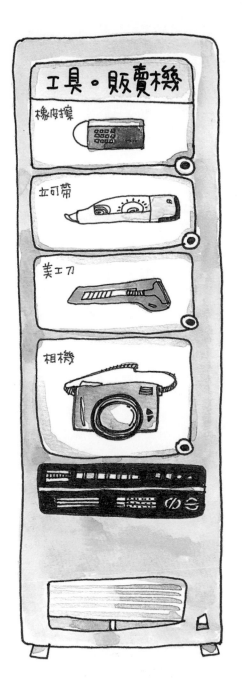

在台灣這小小的海島，充滿著各式各樣的人文風景，儘管是熟悉的、重複的、不起眼的，換個心境，你會發掘到不平凡的角落，讓旅行就像在家一樣的輕鬆，在家也像在旅行般的愜意。

Part
1

輕鬆。台灣

01 台灣。高鐵

TAIWAN HIGH SPEED RAIL

700T

單程票　雙色優惠
2010 / 11 / 27　車次 / Train 419
台北 Taipei　➡　新竹 Hsinchu
09:30　10:02
標準廂　乘客 / PSGR
車廂 / car 10　座位 / seat 12E
NT$245 現金　成人
02-1-02-1-206-0118
08131646　2010/11/27 發行至

背面朝上 插入票口

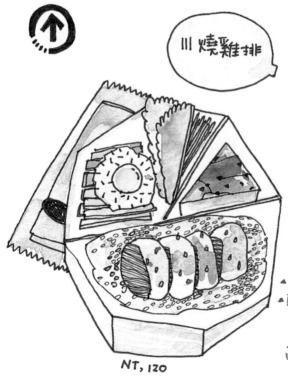

川 燒雞排

NT, 120

川式傳統調味搭配
創新手法料理調製
而成。

▲主食：椒麻雞排、白飯。
▲配菜：螞蟻上樹、芥蘭菜、
蟹肉蒸蛋、香菇鮮肉丸、
紅蘿蔔波浪片。

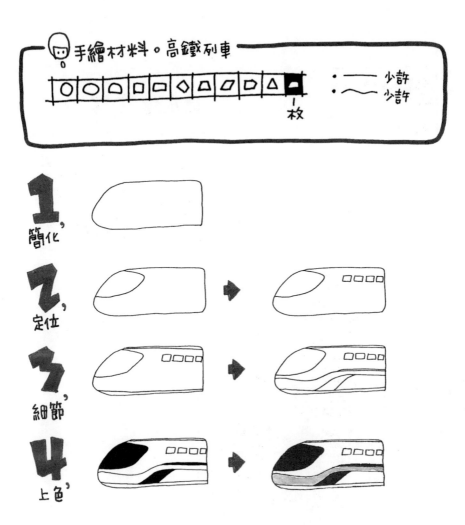

手繪材料。高鐵列車

一枚

：一 少許
～ 少許

1, 簡化

2, 定位

3, 細節

4, 上色

完成。

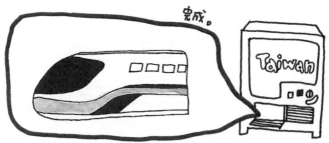

Taiwan

02 台灣 淡水。禮拜堂

滬尾偕醫院是全台第一家西醫館，
閩南式民宅搭配上西式洋
門窗，中西合併，有創意有又
趣味，也是馬偕
醫院的前身。

滬尾偕醫館

淡水，馬偕街6號。

小白宮。

禮拜堂

禮拜堂，是基督長
老教會在台北的
基地，常看到新人
們到禮拜堂來
拍照，紅磚配
上白色麵包花，
真是浪漫！

淡水，馬偕街8號。

覺得淡水的觀光業，
算做的蠻認真的，
還成立了
"淡水街角博物館"
Tamsoi Street Corner Museum，
分成 • 產業文化，
• 漢洋交流，
• 親子水岸，
• 藝術文化，四大類，
每個景點都會有專屬
的街角博物館門牌，
十分的清楚明瞭呢！

03 台灣 貢寮。海洋音樂季

2006 hoho iyan
14-16 JULY

台北縣貢寮國際海洋音樂祭
7月14、15、16日
與你相約的福隆海水浴場

不見不散

海洋獨立音樂大賞

熱浪搖滾 2006

福隆海水浴場

台北縣貢寮鄉福隆村36-40號。

每年夏天,福隆海水浴場
都會舉辦海洋音樂
祭,開放給各團體們
演出和比賽,更吸引許多愛好音樂的
朋友們前來。

2006年夏天,我們也租了個攤位,
賣著自製手工小飾品,人好多,根本抽不出
時間去舞台聽聽音樂會,倒是吃了許多
香腸(因為隔壁攤位是表弟們
賣烤香腸)。真是難忘的經驗!!

福隆便當
NT, 55

gung-
liau

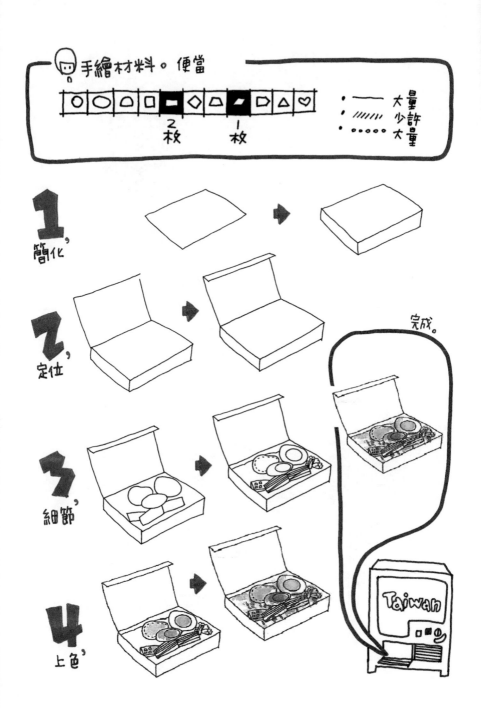

04 台灣 石門。富貴角燈塔

富貴角燈塔。

富貴角燈塔
Fuguei Cape

周邊各景點
Inter Area

富基魚港
Fuji Fishing Harbor

富貴角公園
Fuguei Cape Park

說到台灣最南，大家都知道是我鵝鑾鼻燈塔；但說到台灣最北端，大家比較陌生，不過，要看這個神秘的燈塔倒是需要無比的耐力，從停車場通往燈塔的步道，可真是長又長呢!!

台灣最北端
富貴角燈塔
←

手繪材料。燈塔

3枚

—— 適量
ııııı 少許

1, 簡化

2, 定位

3, 細節

4, 上色

完成。

Taiwan

05 台灣 北投。北投文物館

北投文物館

TAIWAN
FOLK ARTS
MUSEUM

北投一直是我很喜歡
的地方，感覺不用出
國也能享受到日本
的氛圍。

台北市北投區幽雅路32號。

「雅」套餐

前菜

煮物

甜點

湯品

燒物

茶水

食事

手繪材料。懷石料理

枚   枚

——少許
喜好

1, 簡化,
2, 定位,
3, 細節,
4, 上色,

完成。

Taiwan

06 台灣 圓山。台北故事館

台北故事館

有台北市立美術館
做為大地標,應
該很好找到!!台
北故事館才是!!

故事館裡面還有
亞都麗緻酒店
經營的咖啡館,
"故事茶坊"。

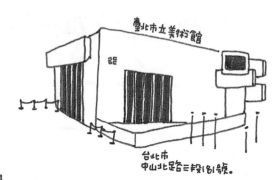

臺北市立美術館

台北市
中山北路三段181號。

台北市中山北路三段181-1號。

在美術館旁,有棟
像從德國童話大
道跑出來的夢幻
小屋,原來是大稻
埕茶商陳朝駿先
生的休憩別墅及
招待商賈名流的
場所,先後後曾
是前立法院長住宅,
現在,開放給民
眾觀賞,靜靜的
紀錄著台北城
邊邊的故事。

Taipei Story House

開放時間:10:30-18:30。週一休。

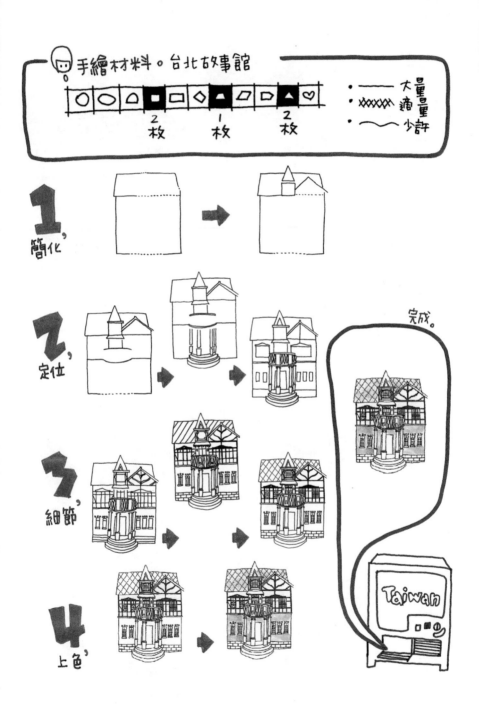

手繪材料。台北故事館

2枚　　1枚　　2枚

：—— 大量
：xxxxx 適量
：～～ 少許

1, 簡化

2, 定位

3, 細節

4, 上色

完成。

Taiwan

07 台灣 士林。士林夜市

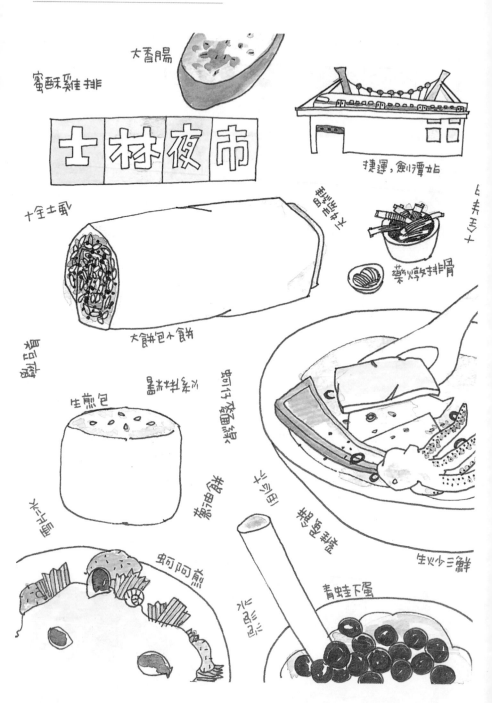

大香腸

蜜酥雞排

士林夜市

捷運,劍潭站

十全土虱

十全藥燉土虱

藥燉排骨

大餅包小餅

臭豆腐

生煎包

冰糖葫蘆

蚵仔蒸蛋糕

蔥油餅

蚵仔麵線

蚵仔煎

水煎包

青蛙下蛋

生炒三鮮

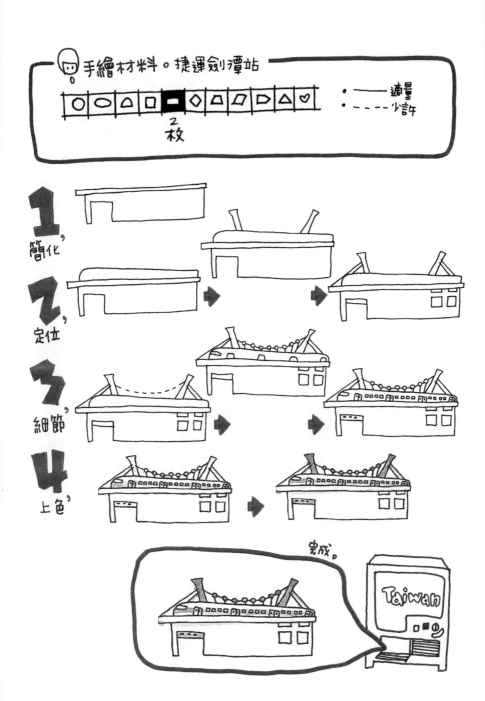

08 台灣 深坑。大樹下

深坑。豆腐

深坑,
除了豆腐,
還是豆腐,
吃了豆腐,
又吃豆腐,
深坑的豆腐,
還真是好吃,
不論
是餐廳,
還是,
路邊小攤,
都好吃!!

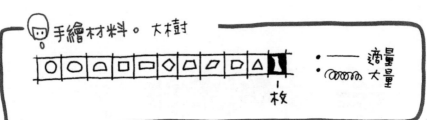

手繪材料。大樹

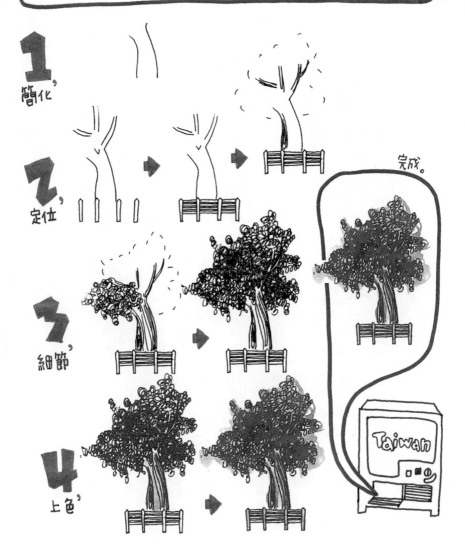

1 簡化，

2 定位，

3 細節，

4 上色，

完成。

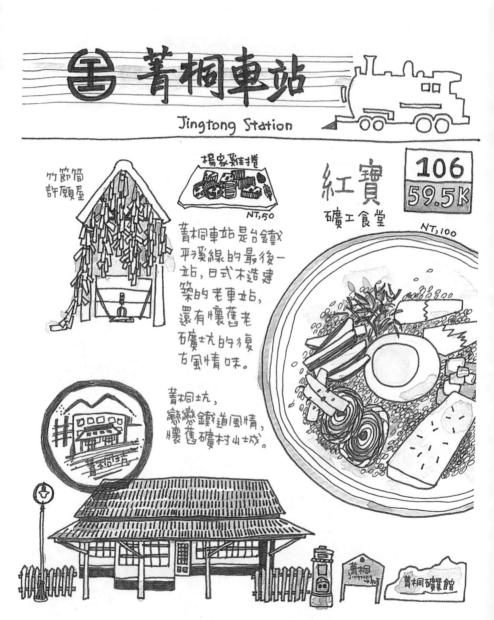

菁桐車站
Jingtong Station

竹節筒
許願屋

楊家雞捲
NT.50

紅寶
礦工食堂
106
59.5K
NT.100

菁桐車站是台鐵
平溪線的最後一
站,日式木造建
築的老車站,
還有懷舊老
礦坑的復
古風情味。

菁桐坑,
戀戀鐵道風情,
懷舊礦村山城。

菁桐車站

菁桐
Jingtong

菁桐礦業館

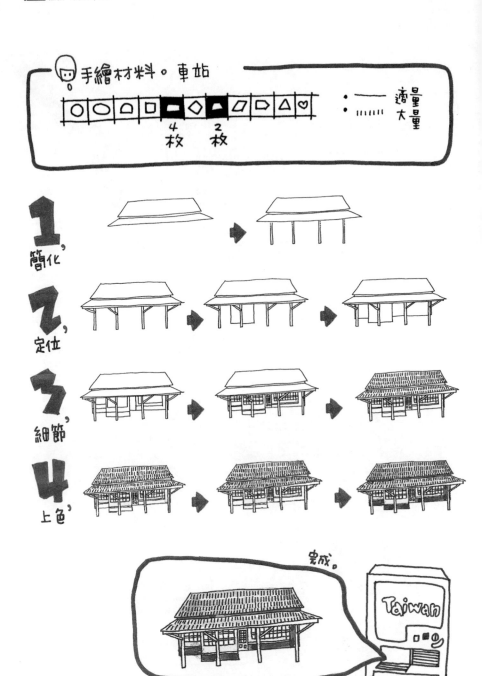

手繪材料。車站

4枚　2枚

：———　適量
：ⅲⅲⅲ　大量

1, 簡化

2, 定位

3, 細節

4, 上色

完成。

Taiwan

10 台灣 桃園。航空科學館

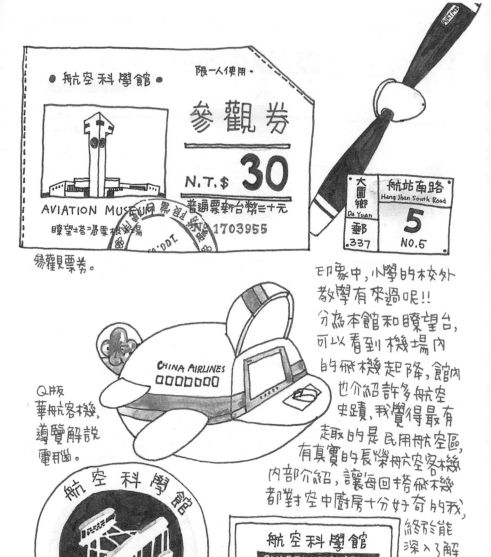

● 航空科學館 ●
限一人使用。

參觀券

N.T.$ 30

AVIATION MUSEUM 景道
普通票新台幣三十元
瞭望塔憑票根坐堂
NO.1703955

參觀票券。

大園鄉
Da Yuan
郵
337

航站南路
Hang Jhan South Road
5
NO.5

CHINA AIRLINES
oooo0ooo

Q版
華航客機，
導覽解說
電腦。

航空科學館
AVIATION MUSEUM

航空科學館
AVIATION MUSEUM
開放時間:週二至週日09:00至17:00
(16:30停止售票)
Opening Hoor: Tuesday to Sunday
09:00～17:00

印象中,小學的校外
教學有來過呢!!
分為本館和瞭望台,
可以看到機場內
的飛機起降,館內
也介紹許多航空
史蹟,我覺得最有
趣的是民用航空區,
有真實的長榮航空客機
內部介紹,讓每回搭飛機
都對空中廚房十分好奇的我,
終於能
深入了解。

桃園縣大園鄉航站南路5號。

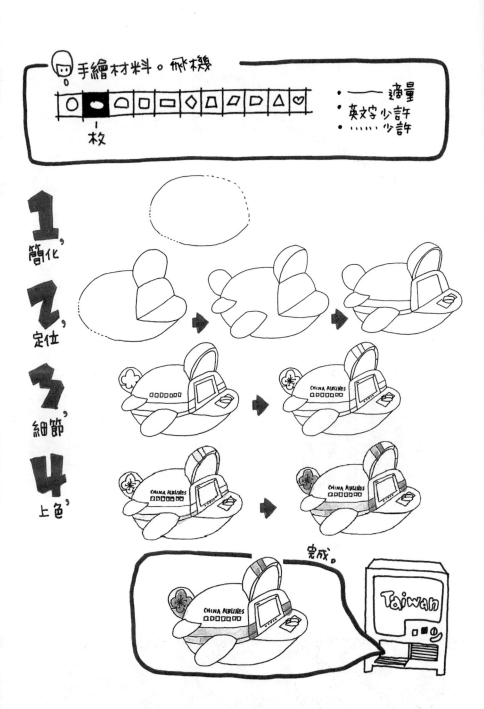

11 台灣 新竹。新瓦屋

新竹, 竹北大家, 新瓦屋。

非假日午後的新瓦屋,
陽光下的白牆和
花布形成了
強烈的
對比。

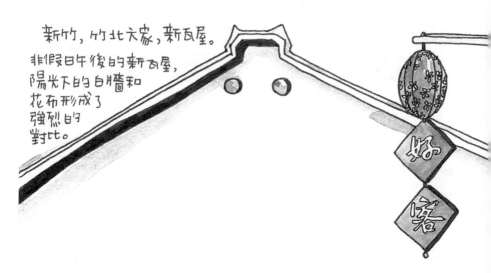

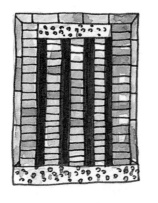

新竹縣竹北市文興路一段(大家民俗公園內)

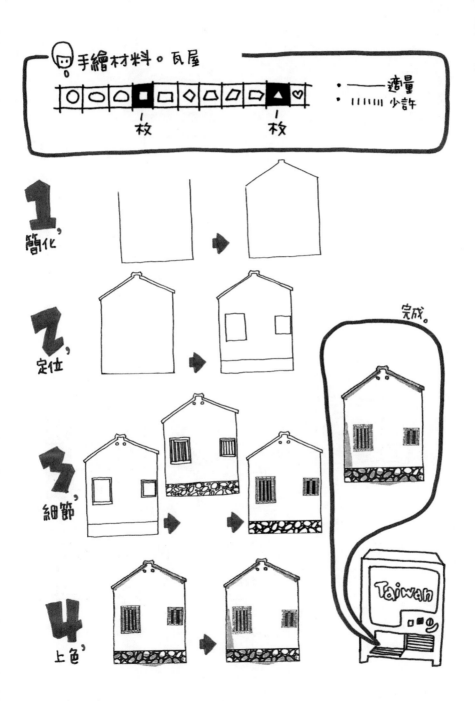

手繪材料。瓦屋

：——— 適量
：||||||| 少許

枚　　　　枚

1, 簡化,

2, 定位,

3, 細節,

4, 上色,

完成。

Taiwan

12 台灣 南寮。漁港

17 公里海岸線 帶

南寮漁港。新竹

說實在跟去過的希臘小島，放眼都是藍白小屋當然是無法相比，但在台灣不用出國，就能感受到希臘風情，也挺有意思的！

舊港邊的希臘建築。

新竹風很大，難怪叫做「風城」，大家很喜歡來這裡放風箏，很有成就感。

希臘風鐘塔。　　藍色小磨菇。　　瞭望台。

13 台灣 新埔。南園

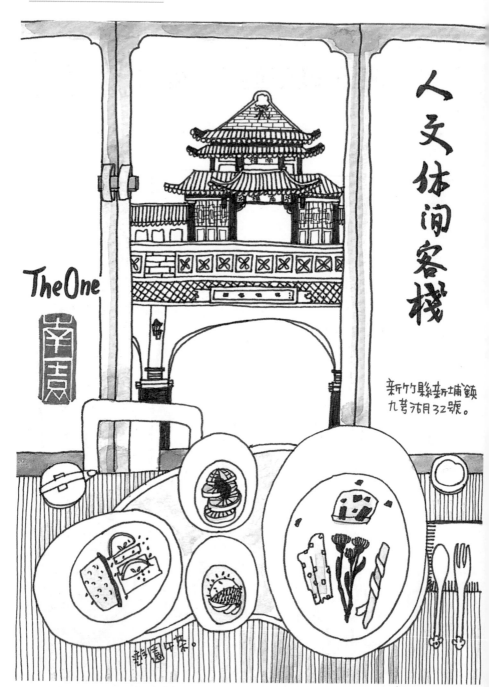

人文休閒客棧

TheOne

幸喜

新竹縣新埔鎮
九芎湖月32號。

南園中菜。

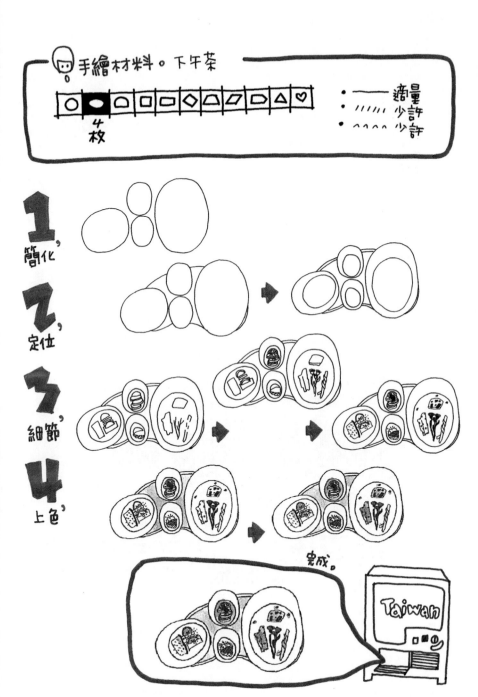

14 台灣 北埔。姜阿新故宅

北埔
姜阿新
故宅

到新竹北埔,除了吃吃
喝喝之外,其實還有古
蹟可以參觀,只可惜
幾乎都不對外開放,
只能拍拍建築外觀,
不過,光是只看到外觀,
就讓人懷念著那個
老年代...!

柿餅

擂茶

菜包

製茶殷商
姜阿新之
宅第,耗時
3年完工,建
築高雅,
為當時接
待英、日外
賓之場所。

姜阿新故居。

新竹縣北埔鄉北埔街10號。

巴洛克建築裝飾

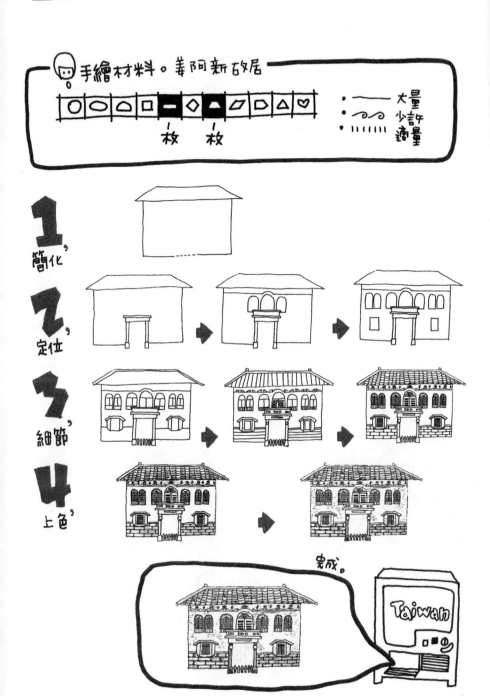

15 台灣 南庄。舊郵局

苗栗縣南庄鄉東村文化路5號。

南庄老郵局，
是採用日式
傳統建築風格，
在今日台灣已經
很難得看到了。

以前郵差送信的郵便
車，可惜是新的，不是和
郵局一樣是古蹟。

上到庄時間
週一至週五
上午：08:00～12:00
下午：13:00～17:00
例假日
09:00～17:00

郵便

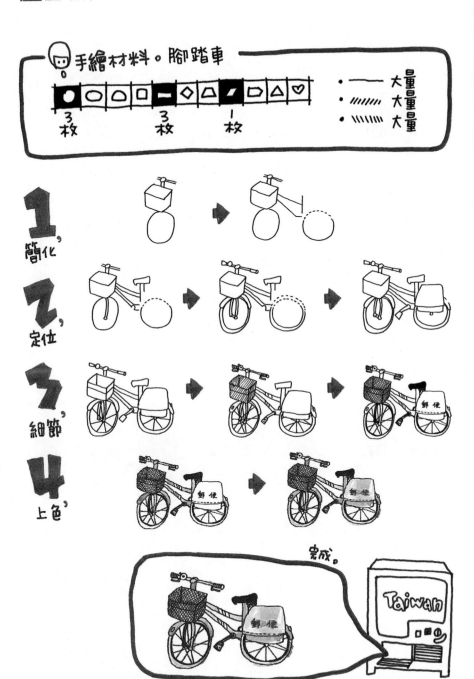

16 台灣 三義。勝興車站

台灣鐵路最高點

苗 勝興車站

海拔 四零二‧三二六公尺

勝興車站是台鐵的最高點，每回到訪，大家總喜歡站在已經不再行駛火車的鐵軌和隧道前拍照。

這回，有一個意外的驚喜，在舊鐵軌上增建超迷你列車，讓旅客們一起體驗，舊鐵道、新列車的樂趣。

臺灣鐵路局 勝興列車
舊山線の旅行
NT,30

停看聽

EB222

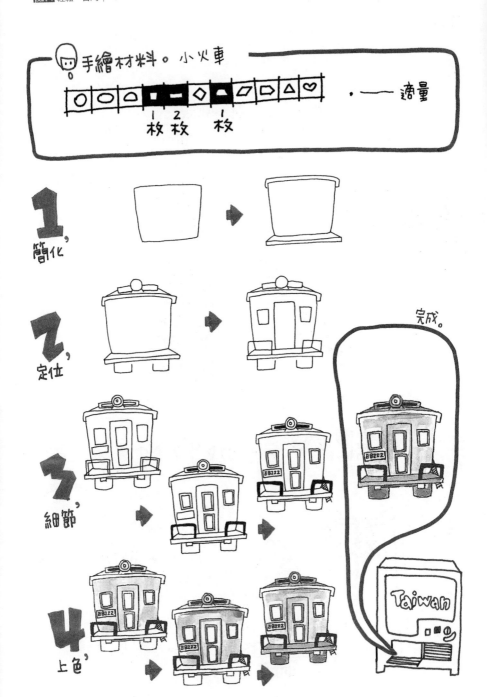

手繪材料。小火車

— 適量

1枚 2枚 1枚

1, 簡化

2, 定位

3, 細節

4, 上色

完成。

Taiwan

96.97.98.99.100...

東海大學
TUNGHAI UNIVERSITY

路思義教堂

台中市西屯區台中港三段181號。

. MERRY CHRISTMAS .

鐘，其實很小，旁邊還裝了擴音器材。
貼著"請勿從鐘下穿過，此銅鐘曾有掉落記錄"!

聖誕節就是得這樣過，才有樂奇，耳邊一直傳來聖誕的音樂⋯，最精采的是午夜12點的一百聲鐘聲，噹、噹、噹⋯⋯!!

拿著相機猛拍、猛錄影⋯

感覺全台灣的年輕人都擠到這裡來過聖誕了吧?!

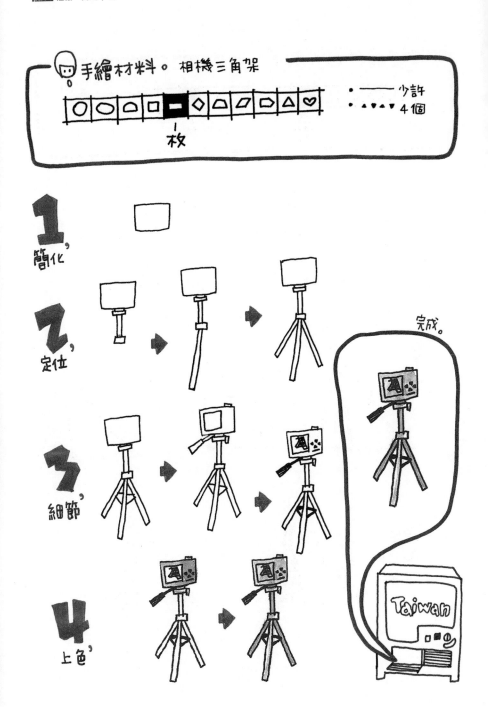

手繪材料。 相機三角架

：——— 少許
：▼▲▼▲▼ 4個

一枚

1, 簡化

2, 定位

3, 細節

4, 上色

完成。

Taiwan

手繪材料。教堂

`────` 適量
`﹏﹏﹏` 少許

2枚　1枚

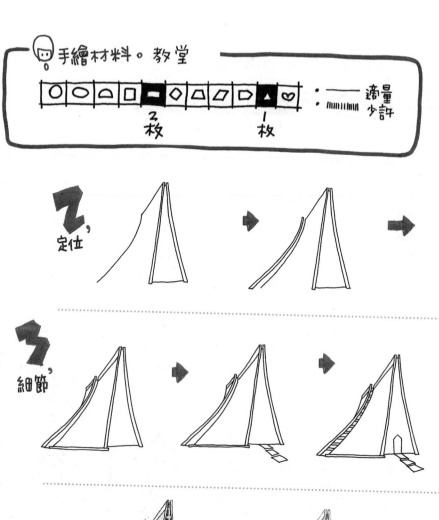

2, 定位

3, 細節

4, 上色,

18 台灣 鹿港。民俗文物館

鹿港鎮中山路152號。

鹿港民俗文物館

半票	全票	價目表
70	130	

一、開放時間：
1.每日上午九時至下午五時止。
2.售票時間：
每日上午九時至下午四時三十分止。

二、免票對象：
1.軍警、學生、兒童；
2.殘障或年滿65歲之人士；
3.設籍鹿港、福興之地方人士。

三、購半票者需憑證購票。

今日行程

鹿港民俗文物館曾是鹿港大戶辜顯榮住所，民國62年開放給大家參觀。

龍山寺 ➡ 意樓 ➡ 九曲巷 ➡ 瑤林街 ➡ 天后宮 ➡ 鹿港民俗文物館。

還有美味的阿振肉包。
NT.15

「從大學開始，每回到鹿港一定要吃這間"老師傅鴨肉羹"。

鹿港鎮民族路159號。

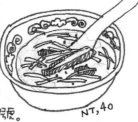

NT.40

復古購物袋
4号：NT.25
6号：NT.30

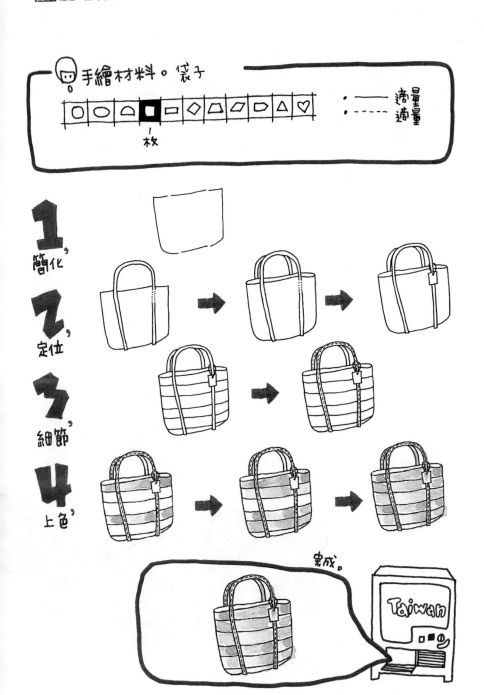

賊の旅行手記

台
Taiwan
灣

總習慣在出國時準備個本子，
紀錄著旅途中的大事小事，
有一回翻看著本子回憶旅程的我，
突然冒出個念頭，
一年之中，出國旅行的日子畢竟是少數，
多數的時間我是在台灣生活著，
何不把生活中的小日子也紀錄下來呢？！

就這樣，
每天出門可以不用帶化妝包、行事曆，
但必定得帶上黑筆和空白的手繪本子，
用手繪的方式來收藏這些小日子。
就這樣，
開始紀錄著在台灣的小旅行，
開始紀錄著朋友們的小派對，
開始紀錄著家人們的小聚會，
開始紀錄著和情人的小電影，
開始紀錄著購物後的小紀念。

這些看似平凡的小日子，

隨著本子裡手繪的線條，似乎也手舞足蹈了起來！
隨著本子裡繽紛的顏色，似乎也多采多姿了起來！

讓每天的生活都像是在旅行般的精采！

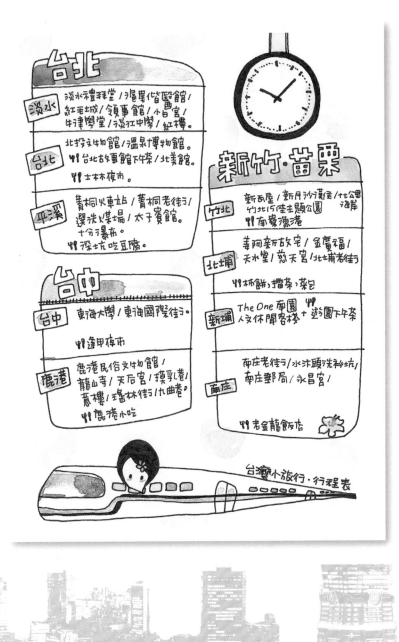

　　擁擠的電車、繁華的街道與匆忙的人群，美麗的風景、精緻的建築及無限的創意，我漫步，在井然有序的時尚界裡，在鄉村田園的雜貨堆裡，漫步在這個充滿對比和多元的國度裡。

Part
2

漫步。日本

01 日本 東京。成田機場

台北 → 東京。成田

Economy Class
Boarding Pass / 登機證

姓名NAME	WANG/JUCHIEH	
啟程地FROM	TAIPEI	TPE
目的地TO	TOKYO	NRT
班次FLIGHT	日期DATE	起飛時間TIME
EL 2110	16 AUG	1610

登機門GATE	登機時間BOARDING TIME
C6	1540

序號SEQ.NO	梯等CLASS	座位SEAT
016	Y	41D

EVA AIR

INTERNATIONAL FLIGHT
ANA 20th
ANNIVERSARY

上了飛機,和妹妹的
座位沒有在一起,因為飛機上大部份是
日本人,我自以為是的用日文+英文和
身旁的小姐要換座位,結果發現
那位小姐其實是TAIWAN人啦!

ANA GROUP INFORMATION

スティ
各都市のお勧めホテルを
多数ご用意。

フシトワーク
現地での移動に便利な
バス・レンタカーなどをご用意。

グルメ
ディナークルーズなど
お食事メニューを多数ご用意。

エンジョイ
現地での滞在を楽しめる
多様な観光プランをご用意。

現在的我超餓的!
聽到廣播,"のみもの"...應該是可以
吃東西了!跟小姐要飲の物,TEA,
她點點頭,卻拿起KIRIN啤酒,
傻眼...!!

日式豬肉
和風餐

北海道巧克力蛋糕　火腿蘋果沙拉　伊右衛門

お茶

日本空姐,
每個人的
笑容都是
一個樣!

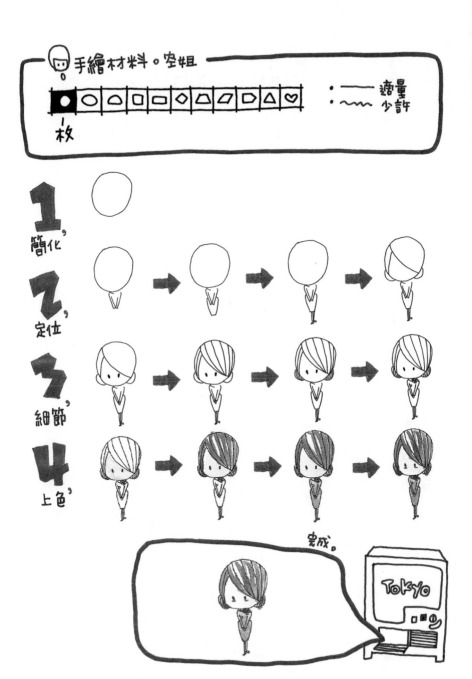

東京時間 20:20 到成田空港
搭利木津巴士前往我們要住的。新宿華盛頓飯店

領收券 Receipt

11 番のりば Bus Stop **21:15** 発 Time

成田空港T1南 → 新宿ワシントンホテル
SHINJUKU WASHINGTON HOTEL

大人 Adult 3,000 円

2006/08/16 21:05 45-41976-02 蘇空港交通 Limousine

我因為太緊張,
買票時把"新宿"
"Shinjuku", 唸成
"新發古"的發音,華盛
頓飯店還 WA. WA.
WASHINGTON 的結巴,
被櫃台小姐糾正
發音, 好糗!!

J-56 **951**

行先 Baggage Tag For

京王プラザ
Keio Plaza Hotel

センチュリーハイアット
Century Hyatt Tokyo

パークハイアット
Park Hyatt Tokyo

新宿ワシントン
Shinjuku Washington Hotel

ヒルトン東京
Hilton Tokyo

センチュリーサザンタワー
Hotel Century Southern Tower

ホテルサンルート東京
Hotel Sunroute Tokyo

エアポートリムジン
Airport Limousine

日本,
真是個守規矩的國家,

領行李要拿護照,
過海關也要護照,

搭利木津巴士,
也要給你行李的號碼牌,
司機也會依你的目的地,
把行李也依順序排好隊,
下車也得拿號碼牌領行李。

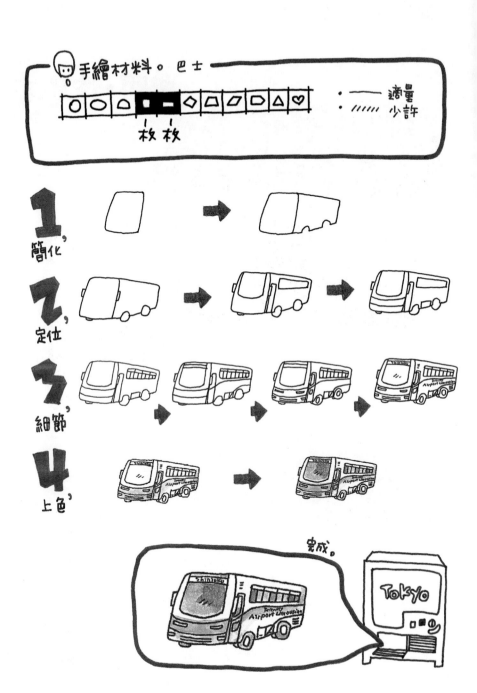

03 日本 淺草。淺草寺

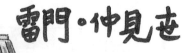

雷門•仲見世

木村家
人形燒

カステラ燒
500円

下著雨的早上，來到雷門仲見世通り，
好多店家都沒開店，只好隨意逛
逛，買了一個可愛的雷門小吊飾。

かっぱ橋道具街寺
組合加盟店
東京合羽橋商店街振興組合

合羽橋的
路上，到處
可以看見
河童的立像
或圖示。

吃過飯，閒逛到
かっぱ橋(合羽橋)
道具街，感覺有些像
台北的後車站，也是
好多店家都沒營業，
門口貼著這樣的

8/1~8/11
夏休み

告示，真讓人失望，小逛
一下，發現很多賣招牌，
包裝用品，鍋碗等用具。

淺草かっぱ村

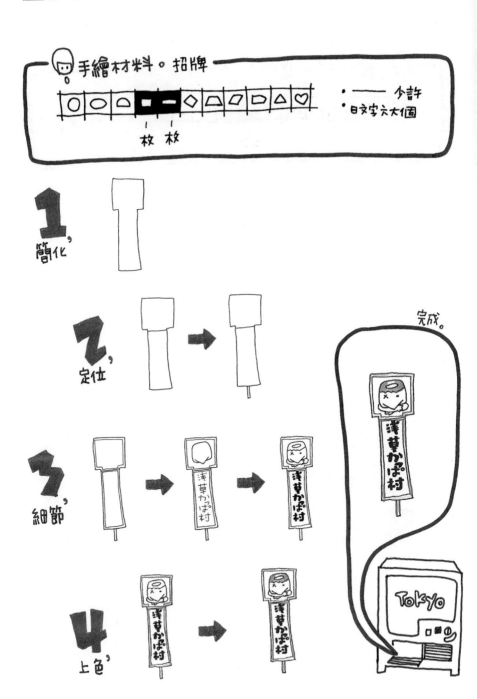

手繪材料。招牌

枚 枚

‧ ——— 少許
‧ 日文字六大個

1, 簡化

2, 定位

3, 細節

4, 上色

完成。

浅草かっぱ村

TOKYO

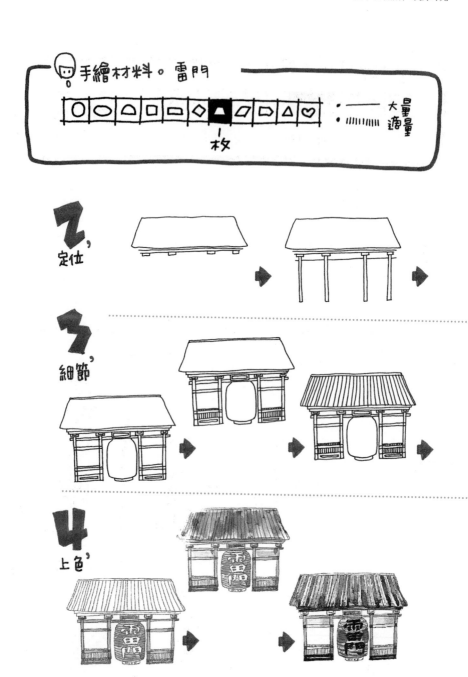

手繪材料。雷門

一枚

大量

適量

2, 定位

3, 細節

4, 上色

淺草。大黑家天婦羅

東京
浅草 **大黑家天麩羅**

鞋子都被雨淋溼的我,在"大黑家"的
坐位又是要脫鞋的榻榻米,本想
可以讓腳出來透透氣,一脫才發現
粉色的小襪都給鞋子染黑了,真糗!!

姐妹倆因為一下熱,一下冷的天氣,肚子
不舒服了起來,也記不起
天婦羅的滋味了!

天丼 1,470円

エビ1,キス1,
かき揚げ1,
内容物,

:: 大黑家天麩羅 (03) 3844-1111

手繪材料。天婦羅

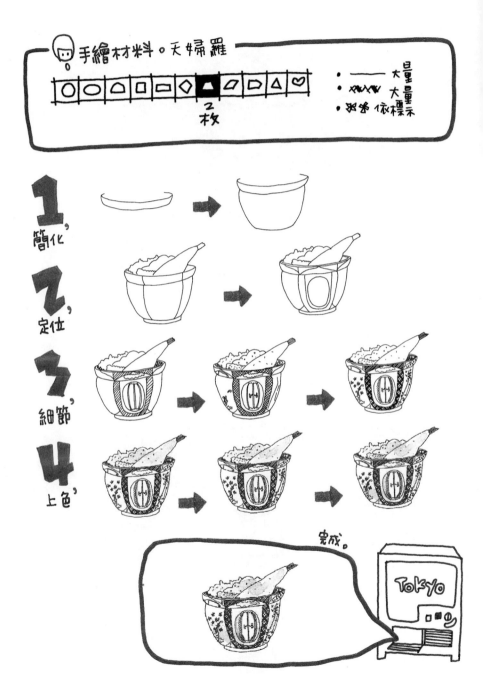

2枚

: ── 大量
: 〰〰 大量量
: 〰〰 依標示

1, 簡化,

2, 定位,

3, 細節,

4, 上色,

完成。

Tokyo

05 日本 原宿。火車站

原宿火車站。

本來想去哈日杏子介紹的
NOA CAFE 吃下午茶，但又想
吃可麗餅，雖然上回吃過了，
還是抵不住美味可麗餅的誘惑。

竹下通的衣服，完全不是我的
風格，走著NANA的龐克風，
或許也是年紀大了，不適合再
逛這年輕人的地盤！

在NOA CAFE 對面有間315円
飾品，妹妹買了好幾條項鍊。

在這間 Cola Connection
玩具店，買到藍色小精靈
的爺爺，可以和在英國買
的那兩隻配在一起！

超美味多樣可麗餅

竹下通的入口。

マリオンクムープ
四イチゴスペシャル
¥400，

超愛的玩具店。

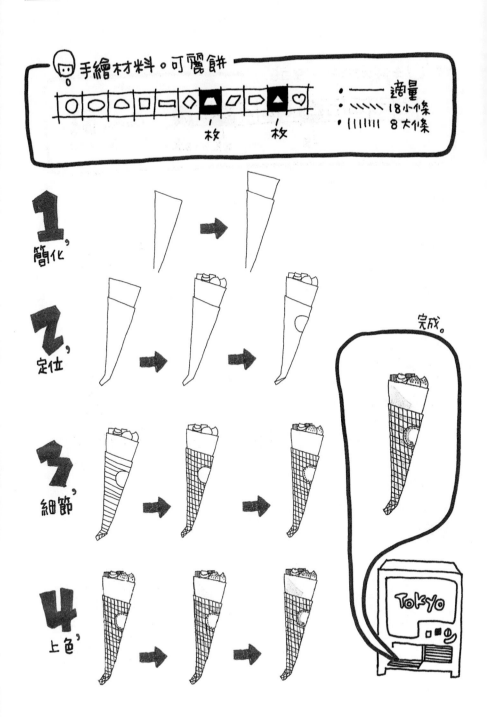

手繪材料。可麗餅

枚　枚

· ── 適量
· \\\\\ 18小條
· ||||||| 8大條

1, 簡化

2, 定位

3, 細節

4, 上色

完成。

TOKYO

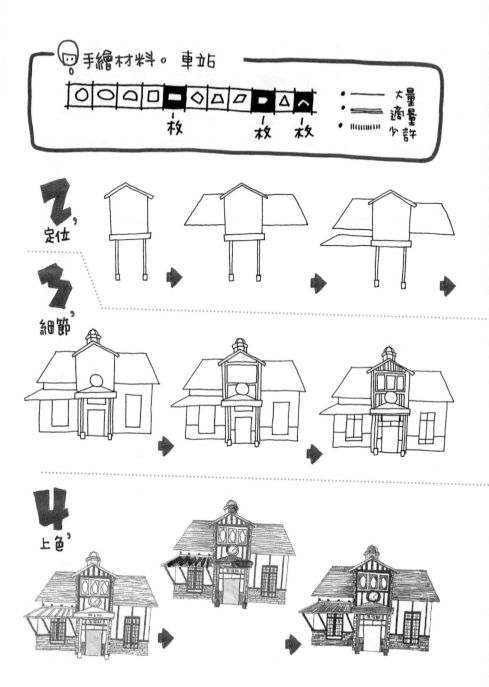

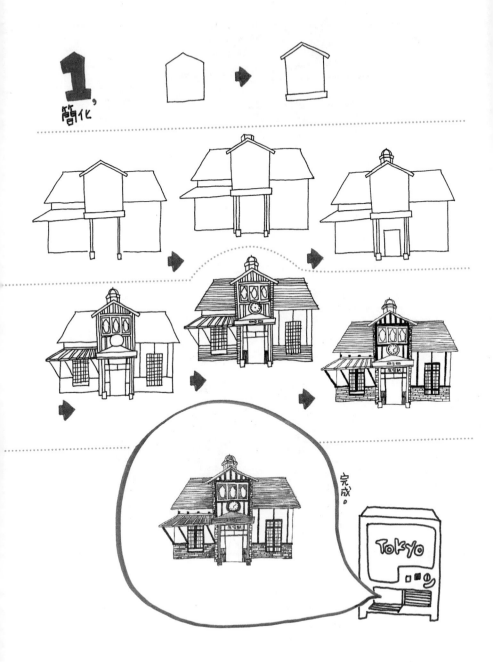

簡化,

完成。

Tokyo

06 日本 原宿。SNOOPY TOWN

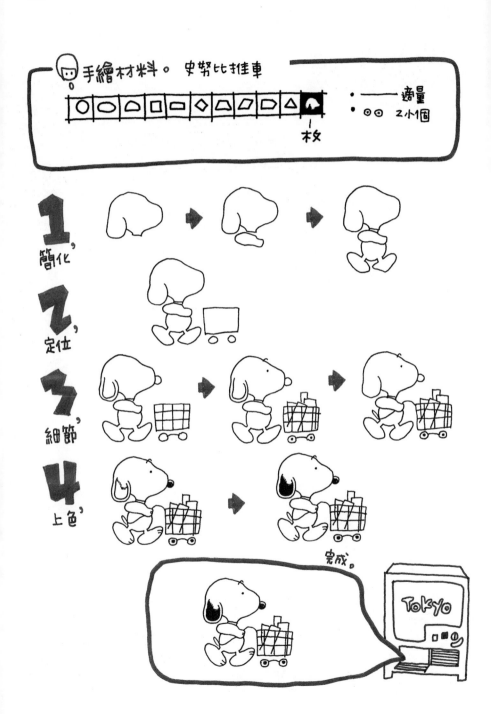

07 日本 原宿。明治神宮

平成18年.8月,參拜記念。

第二次來明治神宮,
和第一回有著完全不同的感受,
雨後的神宮,
也因為快接近關閉時間,
旅客稀少的坐在椅子上休想,

一整天鼻子不舒服的我,
靜靜的坐在這裡手繪,
回過神才發現,鼻水不流了呢!!

一邊寫旅誌,
一邊享受這氛圍,
要不是有其它行程要趕,
真想在這待久一些呢!!

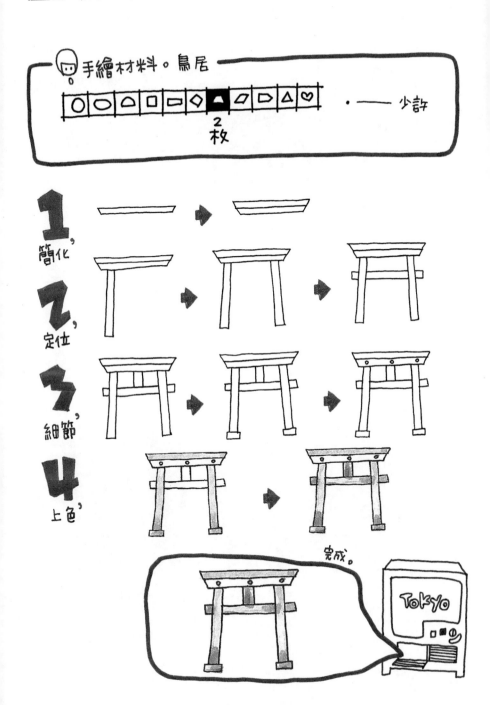

手繪材料。鳥居

2枚

•—— 少許

1,簡化

2,定位

3,細節

4,上色

完成。

TOKYO

08 日本 三鷹。吉卜力美術館(一)

一出三鷹駅，就看到可愛的三鷹市標誌。

正在找巴士站，看到媽媽帶著一群小朋友，想跟著走準沒錯，果然一下就找到了。

售票亭裡躲著大豆豆龍，入場的票券是由台灣的旅行社代訂的，到現場之後，再換入場膠卷票。

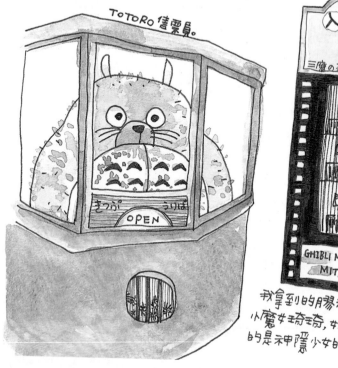

TOTORO 售票員。

我拿到的膠卷票根是小魔女琦琦，妹妹拿到的是神隱少女的千尋。

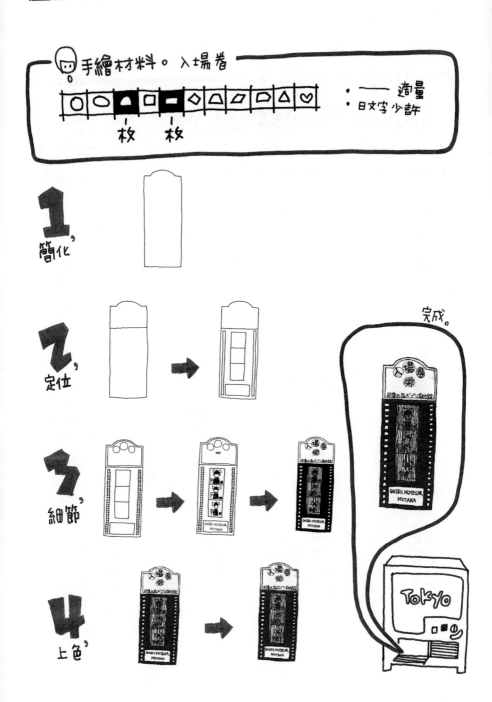

手繪材料。入場券

枚　枚

: ── 適量
日文字 少許

1, 簡化

2, 定位

3, 細節

4, 上色

完成。

Tokyo

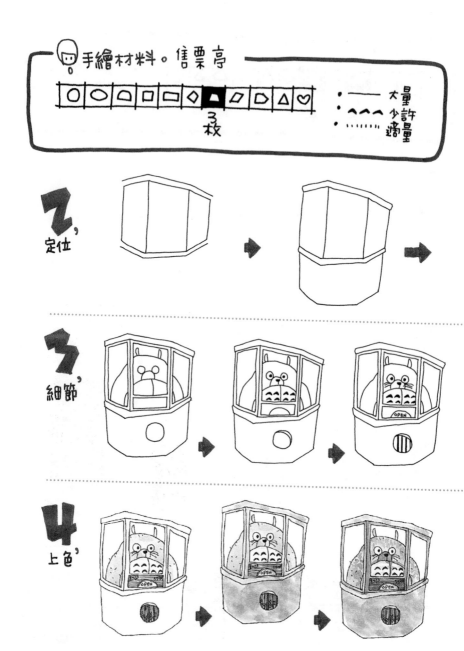

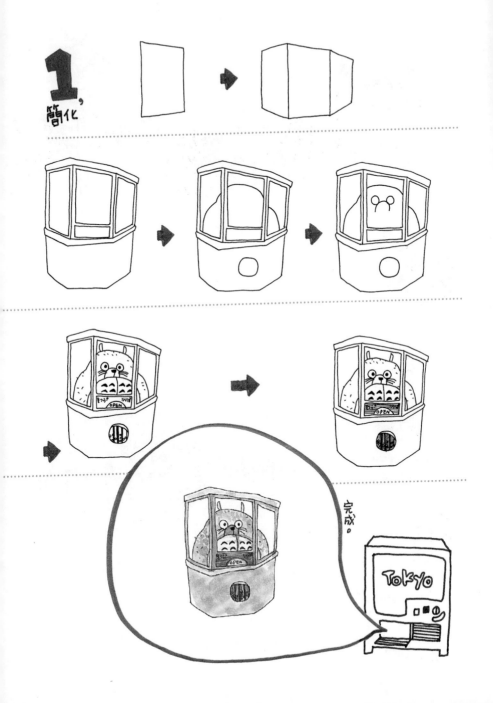

09 日本 三鷹。吉卜力美術館(二)

超愛的
無臉男。

看著館內的佈置,真是孩子們的天堂,
能來吉卜力的孩子,好幸福!...尤其是
可以進到TOTORO公車裡,真羨慕他們!

望著宮崎駿大師的工作室,想像大師
在裡頭作畫的情形,無數可愛的小
人物就這樣誕生出來,沒辦法想像
少了宮崎駿動畫的我們,少了多少樂趣!

頂樓的巨大
機器人。

MAMMA AIUTO!™
GHIBLI MUSEUM SHOP
MUSEO D'ARTE GHIBLI
©2001 NIBARIKI

在工作室看到了
大師的專注,大師的毅力,
和大師對動畫的熱情,
而我,
只能在這裡用我的心,
記錄在我的本子裡。

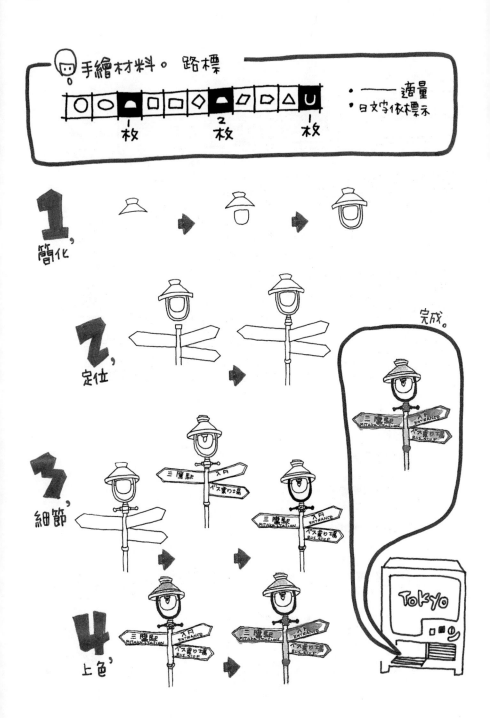

10 日本 三鷹。松屋

三鷹駅。松屋

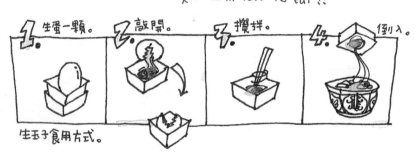

要先購買食券，我點的有些類似泡菜口味的牛丼，昨天在山頭火看到隔壁吃溫泉蛋，好像很美味，在食券販賣機看到很像的蛋，寫著"生玉子"還以為是蛋中央沒有全熟，結果上菜時，完全傻眼，真的是"生"雞蛋也！怎樣吃呢？！只好問店員小姐…How to eat ?!

1. 生蛋一顆。　2. 敲開。　3. 攪拌。　4. 倒入。

生玉子食用方式。

06.-8.18

ビビン丼
【領取書】　¥390
TEL 0422-70-7640
当日当所の又有
12:41　　¥390～
㈱松屋フーズ 三鷹南口店

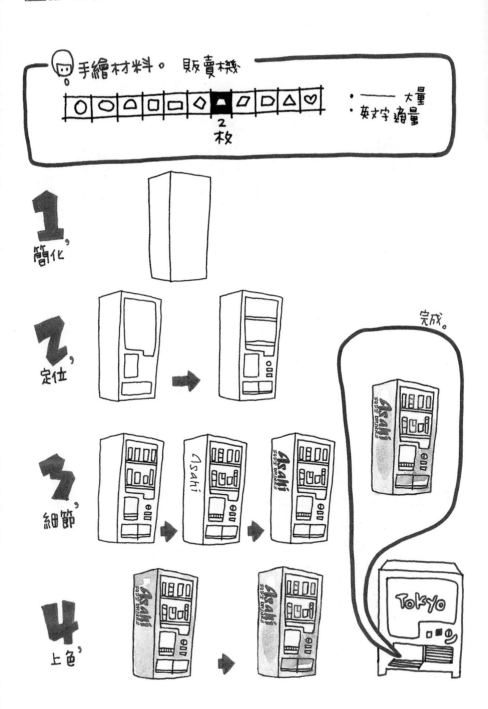

11 日本 台場。大觀纜車

百合海鷗號，一日乘車票券。

彩虹橋。

這是很多日劇會出現的約會場景，尤其是晚上點起燈光後，真是浪漫極了！

維納斯堡。

美食街的蛋包飯。

¥780

上次來台場並沒有去逛維納斯堡，這回在姐姐和姐夫的大力推薦之下，果然是個蠻好逛的地方。

台場的地標，大觀纜車，但每次都為了趕行程，而捨不得花時間去搭 :)

東京
レジャーランド。

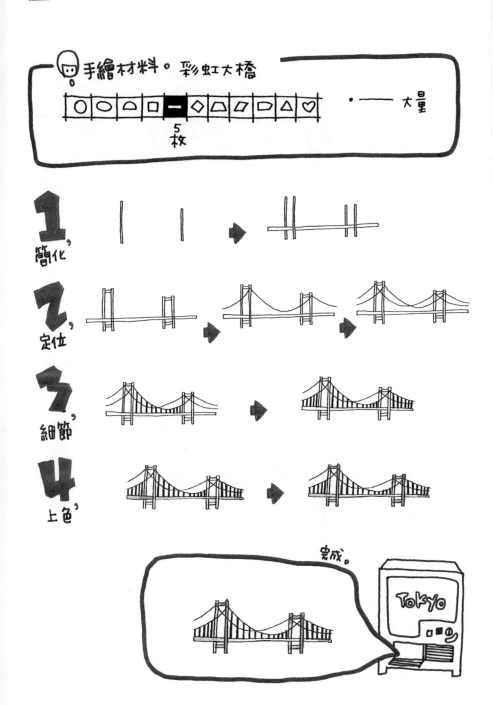

12 日本 台場。富士電視台

お台場駅
ちびまる子ちゃん

好像有什麼活動正在進行，
超多人脖子上都掛著"冒險王1Day Pass"，
出入口都受到管限，害我們搞不清要
如何上樓，混亂之中，來到子5樓的電台
展示廳，看到可愛的ちびまる子ちゃん。

フジテレビ

等到活動快結束，才開放電梯，順利的
來到24樓看風景，彩虹大橋、自由女神像、
台場大觀覽車…讚！

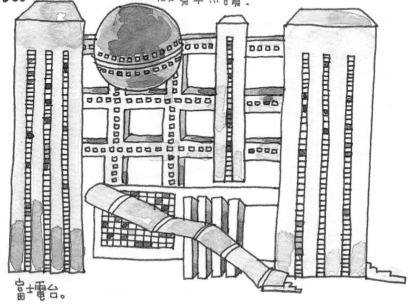

富士電台。

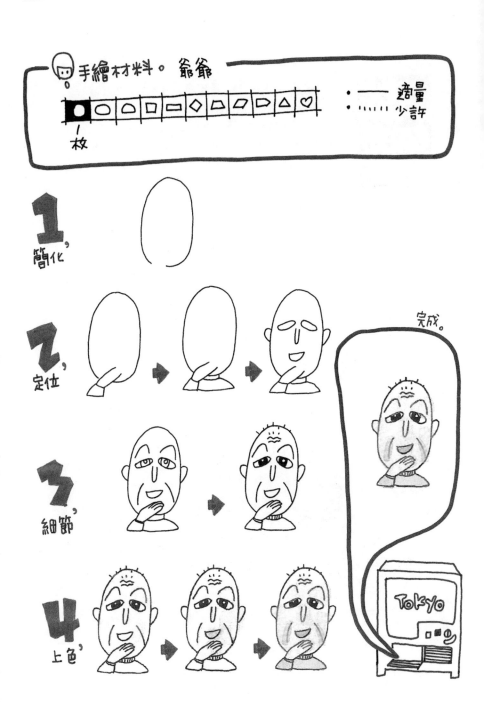

13 日本 新宿。和幸

本來要在AQUA CITY 樓上吃，但太多人在排隊，
回到新宿駅 LUMINE 樓上美食街，接待小姐
嘰哩咕嚕了半天，原來我們到的時間 21:30，而
他們 22:00 就要打烊了，問我們 OK 嗎?!
害我們努力的吃，不到十分鐘就把餐給吃完，
但卻還有二、三組人還在吃，還加高麗菜，早知
道就慢慢吃!!

味噌湯

漬物

茶

炸物

米飯

お和幸

茶碗蒸

牡丹 ぼたん
BOTAN   ¥1,260   一口ひれかつ，海老フライ，梅しそチキンカツ，茶碗蒸し。

14 日本 自由之丘。商店街

去日本前,各方人馬給了我詳細的自由が丘的地圖,沒想到,雖然來過,我根本覺得有地圖也沒有用,一團亂!!又熱又找不到想去的店家,出發前做工課時的信心,完全被打敗惢,再一次認真看著地圖,做出結論...放棄!!開始隨性的逛。

奢侈一下,來杯GODIVA巧克力!

決定隨性亂走之後,心情輕鬆不少,喝完巧克力之後,感覺太陽也在微笑,意外的發現,地圖上的店居然一家家的跑出來了! quatre saisons、HOTCH POTCH、six......,好多好多,我也才發現,許多在TAIWAN做工課時,很想去的店家,我,我居然在2001年來自由が丘時,已經來過了,好妙!!

理容 イガラシ

路邊理容院的招牌,好復古呢!!

six

15 日本 自由之丘。福斯麵包咖啡餐車

福斯麵包車咖啡。

一直很喜歡福斯麵包車，
在自由が丘看到改裝成的
咖啡餐車，超興奮的！

拼命的拍照，幻想著如果
也能擁有一輛這樣的
小店，不知是件多美好的事！

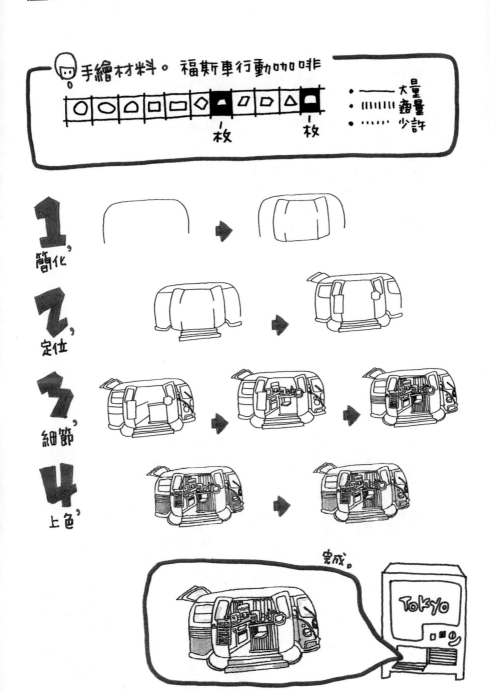

SHOP

ARoNZo
ARANZI ARONZO INC.

TOKYO SHIBUYA-KU
EBISUNISHI 2-20-14
MORIKAWA COLONIE102

TEL. 03-3780-0778

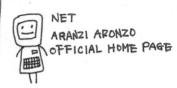

NET
ARANZI ARONZO
OFFICIAL HOME PAGE

本來沒有預定要來代官山的
行程,只因為在TAIWAN就
很喜歡這間店的東西,
而順手記下地址。

沒想到突然的行程,我們來到代官山,
還沒翻開地圖就已經走到店門口,
東西的價格比TAIWAN的定價也沒便宜多少,
但因為店很可愛,店員也超親切,而開心♡。
後來,在店員小姐流利的英文指點之下,我們
非常快速的找到哈利先生介紹的甜點店。

手繪材料。兔子

．—— 少許

1枚

1, 簡化

2, 定位

3, 細節

4, 上色

完成。

TOKYO

17 日本 代官山。甜點店

Nine bit bar
Daikanyama

惠比壽西2-18-2，11:00-20:00 OPEN。

在出發的前一晚，興奮的
睡不著的我還掛在MSN上，
好心的哈利先生，在要下線
前，丟了個網址給我，說
是給我的小禮物…就是這
間日本第一名的甜點。

在自由が丘，選了Afternoon Tea
想喝個下午茶，服務生者陸水
和MENU來，我們卻覺得店
太吵，沒有貴婦人的優雅，
而轉往代官山……。

一逛到這間甜點店，果然
氣氛都不一樣，整個人優
雅起來，點了"綜合水果派"，
吃進口中真的會有幸福的
感覺唷!!

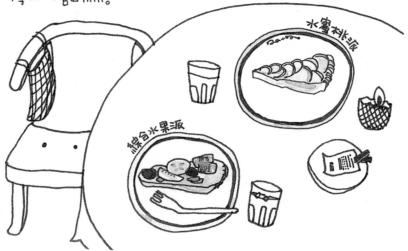

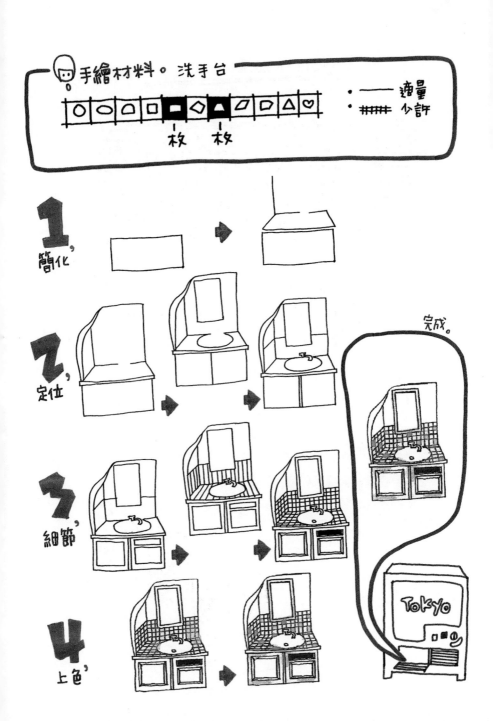

18 日本 新宿。拉麵攤

新宿驛。拉麥面車

新宿車站外的拉麥面攤車，
在日本很少看到這樣的路邊攤車，
一連看了幾天，生意都挺好的，
離開東京的最後一日免，終於坐下吃吃看，
以為路邊攤難應該會便宜些的，
沒想到一碗最基本的
醬油拉麵也要￥700，

不過味道不錯，
也是個挺有趣的
　　　經驗。

醬油拉麵

ラーメン

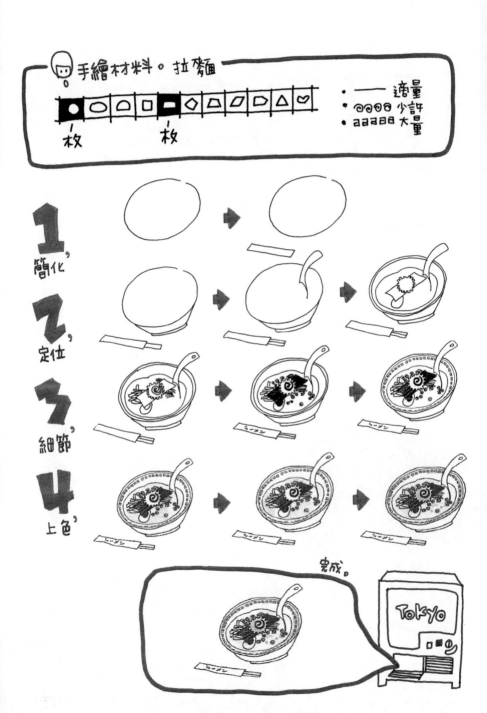

手繪材料。拉麵

・—— 適量
・ooooo 少許
・□□□□□ 大量

枚　　枚

1, 簡化,

2, 定位,

3, 細節,

4, 上色,

完成。

Tokyo

賊の旅行手記

日本 Japan

東京，是我從小就夢想踏上的城市。

想去東京看看所謂的日式建築；
想去東京吃碗道地的日式拉麵；
想去東京日劇的場景實地感受；
想去東京見識地鐵裡的西裝軍團；
想去東京宮崎駿大師的王國朝聖。

東京，也是我第一次自助旅行選擇踏上的城市。

第一次出國前做了那麼多計畫功課；
第一次耳邊沒有導遊叮嚀的出國旅行；
第一次沒有遊覽車擠在地鐵裡搬運行李；
第一次行程可以隨著自己的心意安排；
第一次不用花時間在土產紀念品中心停留。

那一年，再一次選擇東京這城市，
作為告別單身的最後一次旅行！

和妹妹兩個人，
一起為了電視裡的NANA卡通而興奮尖叫；
一起坐在雨後明治神宮的凳子上畫畫；
一起用兩光的日文拿著地圖問路；
一起在自由丘挑選可以佈置新家的雜貨；
一起在代官山幻想著貴婦人的生活。

這，就是我心中的東京！

東京 新宿 Shin-Okubo shinjuku yoyogi Tokyo 行程

1
桃園 ✈ 成田　　🍴 飛機餐
16:10　　20:20
搭利木津巴士 21:10　　🏨 ワシントン ホテル
新宿華盛頓 HOTEL

2
淺草／淺草寺,合羽橋道具街　🍴 大黑家天婦羅
原宿／明治神宮,表參道,
SNOOPY TOWN,竹下通。　🍴 火頭山拉麵

3
三鷹／吉卜力美術館。　🍴 松屋
吉祥寺／下北澤。　🍴 L'OMELETTE
新宿／高島屋,LUMINE。

4
台場／維娜斯堡,　🍴 美食街蛋包飯
富士電台,AQUA CITY,
大觀覽車。　🍴 和幸家豬排

5
自由が丘／quatre saisons, six,　🍴 吉野家
MOTCH POTCH, GODIVA……。
代官山／阿基米阿蘭佐,　🍴 代官山甜點
新宿／　🍴 新宿拉麵橫佳

6
搭利木津巴士 07:00　🍴 飛機餐
成田 ✈ 桃園
11:05　　13:35

とまれ

prin

no parking

　　熟悉的面孔和語言，卻充滿異國風情
的層次。平凡的食物和商品，卻擁有令人嚮
往的吸引。買東西吃東西、吃東西買東西之
外的香港，色彩、多樣、美味、滿足，繽紛
你我！

Part 3

繽紛。香港

01 香港 香港。赤鱲角機場

台北 → 香港。赤鱲角

BOARDING PASS　EVA AIR

CHENG/HANCHANG

FROM TAIPEI　　　TPE
TO　HONG KONG　HKG
BR 0867 21JUL 1020

SEQ NO　CLASS　　SEAT
092　　　Y　　　36E
GATE　　　BOARDING TIME

C9　0950

＊ETKT＊

個人覺得,香港機場是最好
逛街的機場,想看什麼品牌
幾乎都有,而且常遇到大折扣,
真是名符其實的從機場
開始,就是購物天堂!

咖哩
雞肉飯

準備開始,
買東西,吃東西;
吃東西,買東西。

烏龍茶　南瓜沙拉　汽水

EVA AIR

香港空姐們
的標準話,真的
越來越標準了!

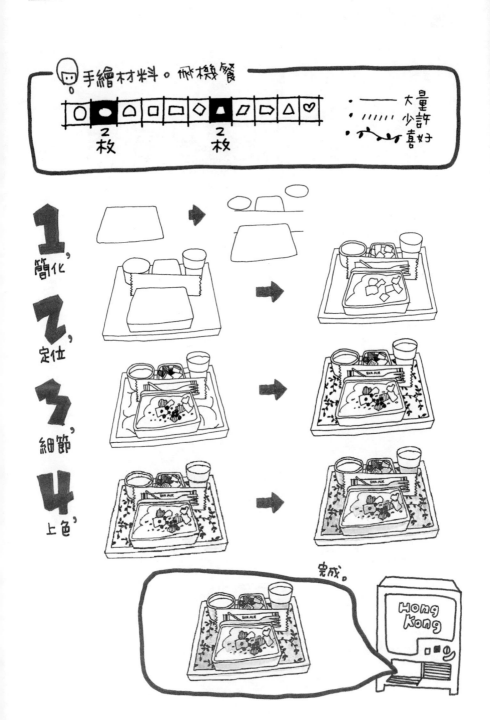

02 香港 東湧。東薈城名店倉

東薈城名店倉。

出機場大廳到 **1** 號
停車場，搭 **S1** 巴士至
東涌巴士總站，車費
需要HK3.5，不找零唷！
每次都在機場的
7-11 買飲料才奧錢。

citygate outlets
東薈城名店倉
www.citygateoutlets.com.hk

感覺旅客們都是選擇在剛
抵港或要離港來逛，大家都
是拖著行李箱來逛街。

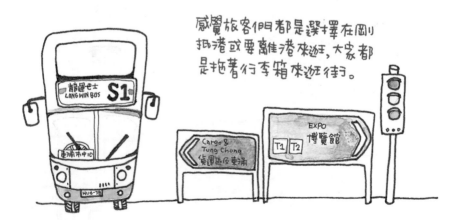

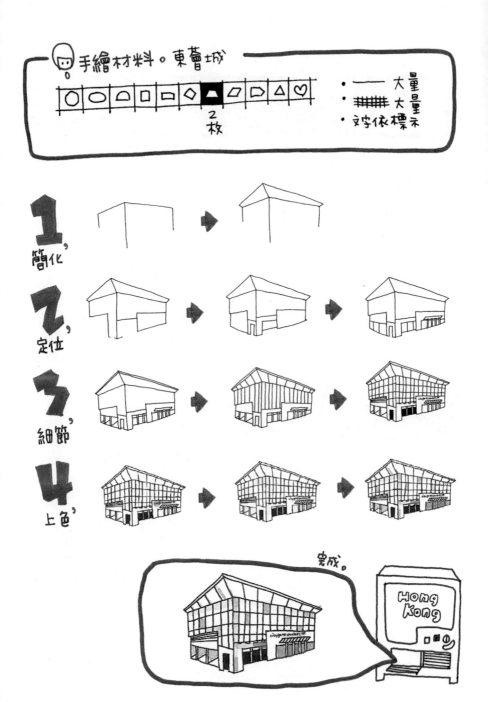

03 香港 尖沙咀。地鐵

在東薈城裡的7-11，有賣熱食，本來要去美食街的我們，立刻決定要來試試看7-11的熱食，點了車仔麵和熱狗，站著吃！

熱狗 $7

車仔麵 $20

機+酒的行程，有送全日通，可選擇搭乘機場快線或地鐵。

◀全日通票，24hr內有效。

▲繽紛的尖沙咀。

之前來香港，都是直接搭乘機場快線，這次由東薈城外的東涌站搭港鐵，第一次搭港鐵，挺新鮮的，發現每站的馬賽克磁磚都不同的顏色，故意站在門邊的位置，一到站就可以往外拍照，收集每站的顏色。

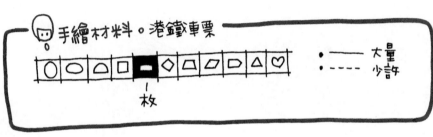

手繪材料。港鐵車票

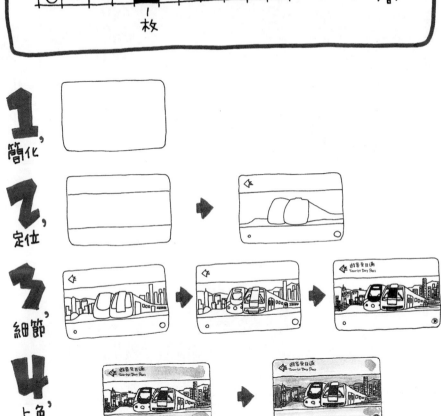

1, 簡化

2, 定位

3, 細節

4, 上色

完成。

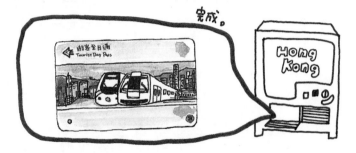

04 香港 尖沙咀。天星碼頭

天星碼頭，8點燈光秀

才晚上七點多，人潮就踴進天星碼頭，為的就是等
待八點上演的"眾永香江"燈光秀。
八點一到，看港整個像個大舞廳，大廈大樓的燈光、
霓虹燈、探照燈全部出動，每天都像在過跨年呢!!

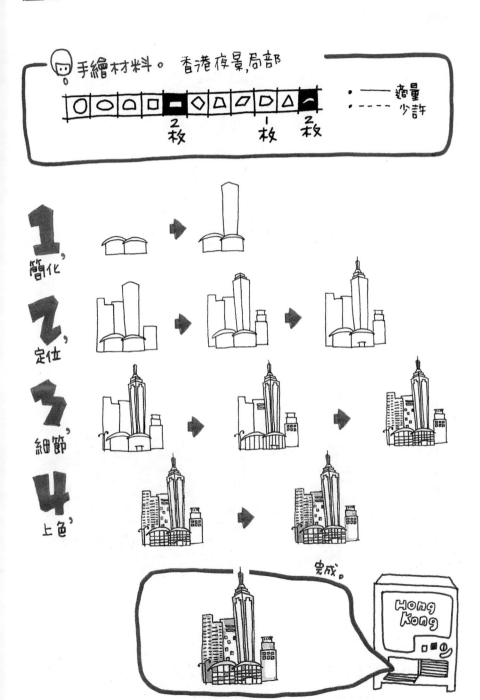

手繪材料。 香港夜景,局部

　　　　　　　　── 適量
　　　　　　　　- - - 少許

簡化,

定位,

細節,

上色,

完成。

Hong Kong

05 香港 尖沙咀。海港城

海港城
HARBOUR CITY
一個海港,只有一個 海港城
www.harbourcity.com.hk

- agnes b.
- ANNA SUI
- Aperto
- b+ab
- Bally
- BCBG
- Burberry
- Calvin klein Underwear
- Celine
- CHANEL
- CLUB Monaco

Ocean Centre 216-7   2730-3368
Gateway Arcade 2616   2118-2500
Ocean centre 320A   2992-0050
Gateway Arcade 2115-6   2175-3882
ocean Centre 231   2736-8068
Gateway Arcade 2343   2118-3508
Ocean Centre 201-2   2377-3183
Gateway Arcade 2505   2116-0602

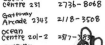

Canton Road
2-4 廣東道 4-30

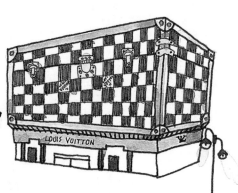

LOUIS VUITTON

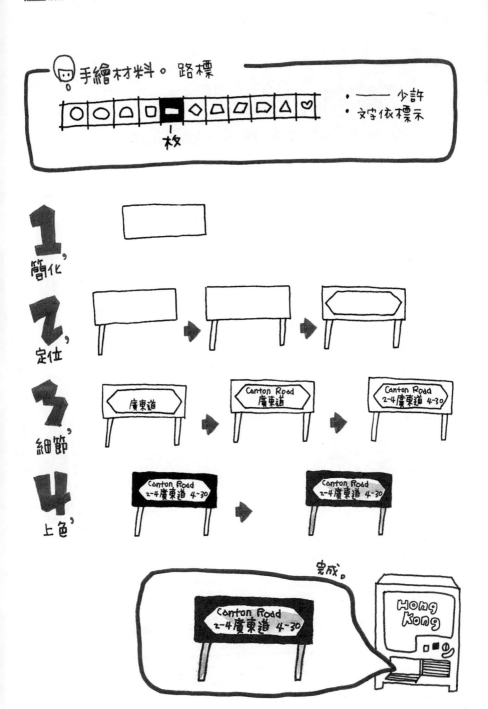

手繪材料。路標

—— 少許
文字依標示

枚

1, 簡化,

2, 定位,

3, 細節,

4, 上色,

廣東道

Canton Road
廣東道

Canton Road
2-4 廣東道 4-30

Canton Road
2-4 廣東道 4-30

Canton Road
2-4 廣東道 4-30

完成。

Canton Road
2-4 廣東道 4-30

Hong Kong

06 香港 尖沙咀。美麗華酒店

the mira
HONG KONG
香港九龍尖沙咀彌敦道118號

改裝後的the mira,變得很時尚,黑白色調的大廳,有些夜店的味道。

客房內的電器也很有型,最愛那台SONY的DVD播放器。

透明的浴室,害羞的話有電動百葉窗。

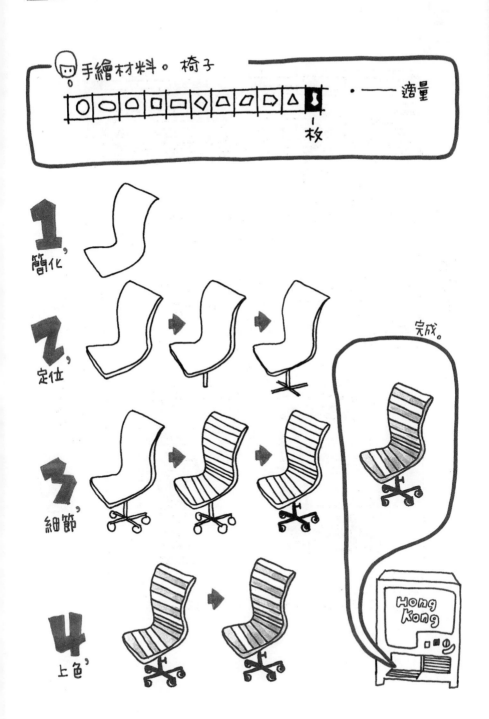

手繪材料。椅子 ·——適量

1, 簡化

2, 定位

3, 細節

4, 上色

完成。

Hong Kong

07 香港 尖沙咀。查理布朗咖啡店

查理布朗,是SNOOPY的主人,我這個SNOOPY迷怎麼能
錯過這麼可愛的店呢?!果然從門口開始,就陷入
瘋狂的照相,連喝完的塑膠杯都捨不得丟掉。

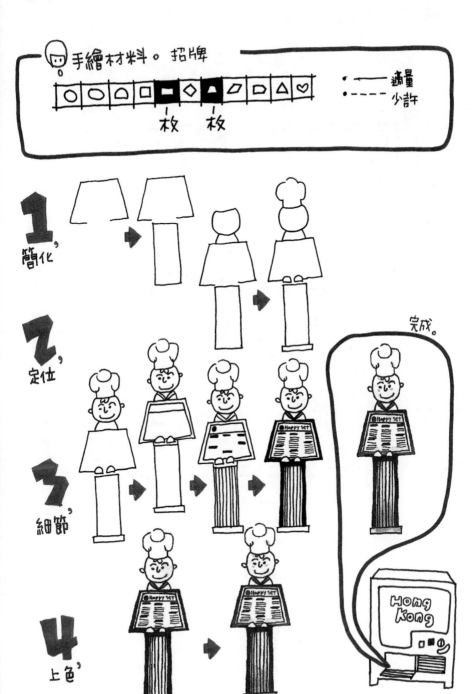

08 香港 尖沙咀。重慶大廈

找晚餐時，一直找不到原定的"阿二靚湯"，
同一條街來回走好幾趟，而意外看到"重慶大廈"。

其實是棟香港的老大廈，是因為有看過王家衛的
電影《重慶森林》在這取景，讓我腦中一直浮現
王菲和梁朝偉的身影，超興奮！

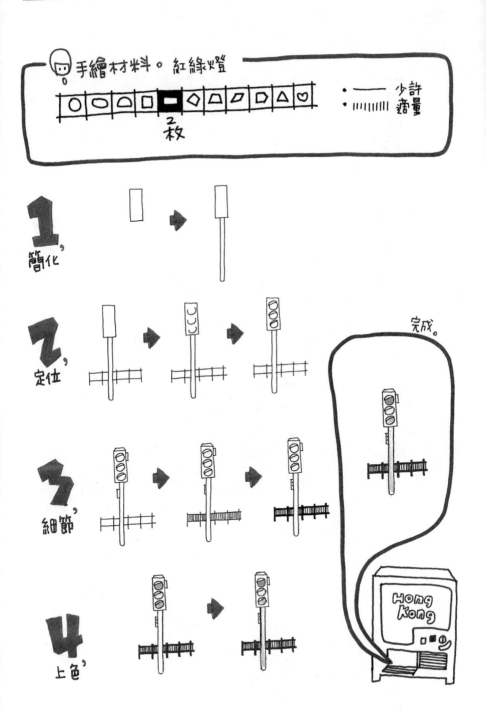

09 香港 尖沙咀。有骨氣火鍋店

有骨氣 集團

9:00 P.m 前
(入座起計2小時
無限量供應任食項目)
$88 (成人)
$68 (小童)

9:00 P.m 後
(入座起計2小時
無限量供應任食項目)
$68 (成人)
$48 (小童)

本來要去吃"阿二靚湯",但怎麼都找不到路,而改吃"有骨氣鍋店",晚上十點多了,二層樓的店依然客人滿滿。

我們點吃到飽的,不過湯底是要另外加錢,吃了一堆字看懂,意思不懂的火鍋料,食我過頭反而有些吃不下,剩一堆料,煮到鍋子都有焦味。因為剩太多料心虛,在走出店家門口時還跌倒,對面便利商店的人都在看,起糗的!

招牌豬骨煲

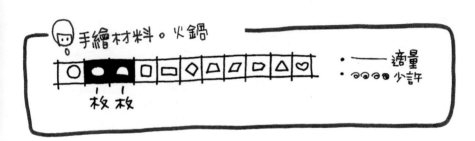

手繪材料。火鍋

枚 枚

：—— 適量
：～～～～ 少許

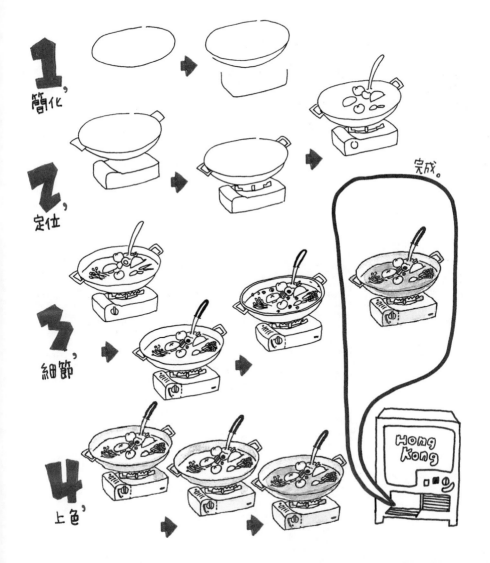

1, 簡化

2, 定位

3, 細節

4, 上色

完成。

Hong Kong

10 香港 中環。Simplylife

Simplylife
BREAD AND WINE
Level 1, ifc mall, Central, HK
中環國際金融中心。

看過茱迪小姐在部落格上
推薦過simplylife的飲品
smoothies，念念不忘，到
中環IFC的 BREAD AND
WINE點來喝喝看，果然，
口感超綿密，有些像奶
昔，但味道更濃，口感更滑。

三明治

芒果
smoothies。

手繪材料。飲料杯

——— 少許
文字依標示
ʺʺʺʺʺʺ 少許

枚　　　枚

1,
簡化

2,
定位

3,
細節

4,
上色

完成。

11 香港 中環。鏞記酒家

鏞記酒家
YUNGKEE RESTAURANT

期待著到鏞記酒家吃燒鵝，到門口卻看到告示貼著：因應禽流感，不提供燒鵝! 真是沒有口福呢!!

香片茶

文燒包

蛋塔

燒賣

海鮮炒麵

嫩薑皮蛋

文燒飯

鏞記

一心想點"廣式"炒麵，菜單上海鮮、牛肉各式口味都有，就是沒有廣州炒麵，想了半天才領悟到，我人在香港，他們的炒麵不就是廣炒，何需特別註明呢?!

香港中環威靈頓街32-40號。

手繪材料。茶壺

⬭ ⬛ ⌓ ▢ ▭ ◇ ⬠ ◺ ▱ △ ♡ ・—— 少許

一枚

1, 簡化

2, 定位

3, 細節

4, 上色

完成。

Hong Kong

12 香港 尖沙咀。澳門茶餐廳

招牌咖哩牛腩。

點完餐後,伙計拿水杯來,
裡面裝了茶水,很自然的拿
起來喝,卻發現隔壁桌
把筷子湯匙放進去杯子裡
涮洗一下,不會吧?!我們
把洗東西的茶水給喝下
肚啦!
原來,這杯是不能喝的
清茶!

MACAU Restaurant 澳門茶餐廳 MACAU Restaurant

口各款經濟午市會餐 □澳門特色名菜小食　歡迎大優惠　■秘製咖哩牛腩 □馳名水蟹粥 □

九龍尖沙咀樂道25-27號地下

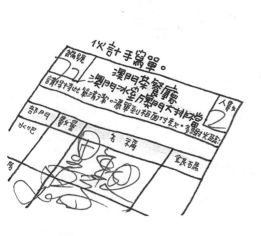

伙計手寫單。

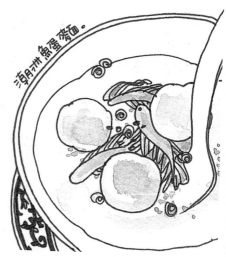

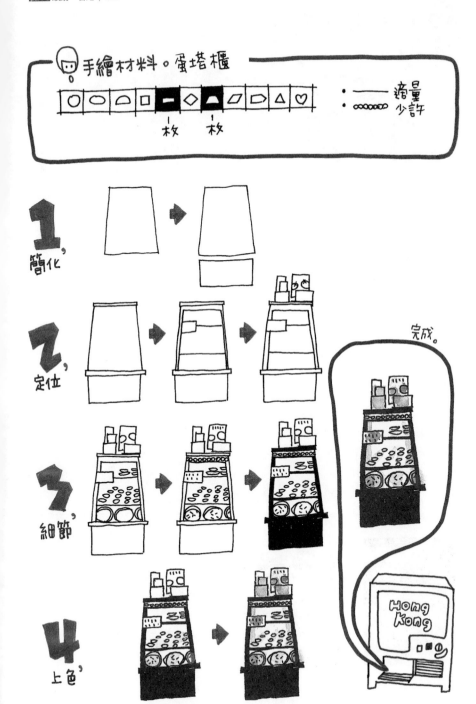

賊の旅行手記

香港
Hong Kong

從2005年開啟了遊香港之路後，
細數起來，每年，我都會到香港旅行一回。

真的很愛香港！

愛香港，
短短的航程，讓人不會總在飛機上坐到腰酸背痛；
少少的旅費，有時比在台灣當地住個兩天還便宜；
親切的語言，讓人不用手腳並用的雞同鴨講比畫；
熟悉的街道，不需看地圖就能輕鬆的到達目的地；
國際的都市，迎面來的外國人有身在歐美的錯覺；
換季的折扣，看到價格不購買都覺得對不起自己；
道地的美食，街角隨意的叉燒飯滋味都叫人難忘。

我真的很愛香港，
縱使每回都住尖沙咀、每道都逛東薈城，
每次都吃茶餐廳，
我一樣百去不厭！

香港除了買東西、吃東西，吃東西、買東西之外，
更滿足了我想出國旅行，又不用花大錢、花時間做
功課的心。

我真的很愛香港！

香港·行程表
買東西吃東西，吃東西買東西…
H.K

Day 1
桃園 ✈ 赤鱲角
10:20   12:00
東薈城名店倉。
維多利亞港/星光大道/歌詠香江，
重慶大廈。

🍴 東薈城ワール
🍴 有骨氣火鍋

the mira HONG KONG
美麗華飯店

2
中環IFC，
置地廣場，
太谷廣場，
海港城。
ZARA
UNIQLO

🍴 查理布朗咖啡
🍴 Simplylife
🍴 鏞記酒家

the mira HONG KONG
美麗華飯店

3
海港城，
美麗華商場，
金巴利大道。

🍴 澳門茶餐廳
🍴 許留山

赤鱲角 ✈ 桃園
21:00   22:40

Hong Kong

腳丫文化
■K062

手繪旅行の美好時光

國家圖書館出版品預行編目資料

手繪旅行の美好時光 / 王儒潔(賊) 著.
--第一版. --台北市：腳丫文化，
2011.09
　面；公分　--（腳丫文化；K062）
ISBN 978-986-7637-73-4（平裝）
1.遊記　2.繪畫技法　3.世界地理

719　　　　　　　　　　100016038

著　作　人：王儒潔(賊)
社　　　長：吳榮斌
企 劃 編 輯：黃佳燕
行 銷 企 劃：劉欣怡
美 術 設 計：王小明
出　版　者：腳丫文化出版事業有限公司

總社‧編輯部
社　　　址：104 台北市建國北路二段66號11樓之一
電　　　話：（02）2517-6688
傳　　　真：（02）2515-3368
E - m a i l：cosmax.pub@msa.hinet.net

業務部
地　　　址：241 新北市三重區光復路一段61巷27號11樓A
電　　　話：（02）2278-3158‧2278-2563
傳　　　真：（02）2278-3168
E - m a i l：cosmax27@ms76.hinet.net
郵 撥 帳 號：19768287腳丫文化出版事業有限公司

國內總經銷：千富圖書有限公司（千淞‧建中）
　　　　　　（02）8521-5886
新加坡總代理：POPULAR BOOK CO.(PTE)LTD.
　　　TEL 65-6462-6141
馬來西亞總代理：POPULAR BOOK CO.(M)SDN.BHD.
　　　TEL 603-9179-6333
印　刷　所：通南彩色印刷有限公司
法 律 顧 問：鄭玉燦律師（02）2915-5229
定　　　價：新台幣 280 元

發　行　日：2011年 9 月　第一版　第一刷

缺頁或裝訂錯誤請寄回本社＜業務
部＞更換。本著作所有文字、圖
片、影音、圖形等均受智慧財產權
保障，未經本社同意，請勿擅自取
用，不論部份或全部重製、仿製或
其他方式加以侵害，均屬侵權。

Printed in Taiwan

腳丫文化及文經社共同網址http://www.cosmax.com.tw/
www.facebook.com/cosmax.co 或「博客來網路書店」查尋。